森 祐理［著］

希望の歌と旅をして

ブックコンサート

いのちのことば社

目次

プロローグ

「向きを変えて、出発せよ」（旧約聖書・申命記一章七節）このみことばに押し出されて、二十年近く住んだ東京の家を移る決心をしました。主よ、どこに向きを変えればよいのですか……そう祈るなかで、なんと大阪の真ん中に住まいが与えられたのです。二〇〇九年春、不安と期待をもって大阪に拠点を移しましたが、それが驚くばかりの恵みのはじまりでした。

不思議な導きで、その翌年に「一般社団法人モリユリ・ミュージック・ミニストリーズ」が設立され、信頼するスタッフや理事の方々も与えられました。また大阪クリスチャンセンターの中に事務所が与えられたことで、イスラエルツアーなどさまざまなイベントをともに行うようになり、地境が広がっていきました。何よりうれしかったことの一つは、大阪で暮らしはじめたマンションの大家さんが、私のコンサートに来てくださるようになり、洗礼を受けられたことです。神さまは、住まいさえも魂の救いのために用いられるのですね。本当にハレルヤ！と主に感謝しました。大阪に移っても、相変わらず国内外を飛び回る日々ですが、京都に住む両親とも近くなり、何かあれば顔を見に行けるのも楽しみの一つです。

事務所がスタートして半年ほど経った二〇一一年三月、あの東日本大震災が起こりました。いろいろな活動もちょうど軌道に乗ってきたころで、直ちに被災地支援の働きを立ち上げ、物心両面の支援を開始することができました。現地に何度も足を運んで被災者の方々に寄り添って歌い、またさまざまな物資をお届けできたことは、大きな喜びでした。阪神淡路大震災が起こって以降、被災地での支援コンサートを続けてまいりましたが、より多くの方々と手を取り合って臨むことができるようになり、神さまのご計画の意味を感じています。

早いもので前作『歌の旅をつづけて』の出版から九年、各地のコンサートとともに、日本国際飢餓対策機構の親善大使としても、世界の飢餓で苦しむ貧困の地や災害被災地などへ赴くようになりました。この間に訪れた十数か国の中から、涙あり、驚きあり、感動ありの旅のエピソードを九章に絞り、心を込めて綴りました。前作・前々作と同様、ブックコンサート形式で、その章のテーマに沿った曲の歌詞も入れています。ぜひその歌とともに、旅の恵みを味わっていただければ幸いです。

まさに人生は歌の旅ですね。その人自身のメロディがあり、いろいろな人との出会いのハーモニーがあります。この本を通して、神さまから希望のメロディが皆さまの心に届きますよう願ってやみません。

さぁそれでは、賛美（うた）の旅を始めてまいりましょう！

地には花が咲き乱れ、歌の季節がやって来た。

——旧約聖書・雅歌二章一二節

1　ブラジル――主我を愛す♪

世界各国を旅していますが、その中で最も遠い地といえば、やはり地球の裏側にある「ブラジル」です。一九九九年、二〇〇八年、二〇一一年と三度にわたり、ブラジル全土を巡ってコンサートツアーをいたしました。最も遠い地でありながら、世界最多の日系人が住む国。特にサンパウロには日本食レストランや関連企業も多く、日本語の看板もあちこち目に入ってきます。六十万人もの日系人が住む日本人街「リベルタージ」では、大きな鳥居があり、提灯《ちょうちん》の形をした街灯がズラリと並んでいて、「ここは日本？」と思わされるような街並みです。異国にいながら、さまざまな日本文化を体験することができ、「古き良き日本」が至る所に残されていることに驚きました。

そんな日系人の多いサンパウロはもちろん、ブラジルの各都市を回ってコンサートをするのですが、とにかくブラジルは広い国。日本の二十三倍もあるのです。ですから、南の街ポルトアレグレでは雪が降って真冬の寒さでも、北のアマゾン付近にあるマナウスやベレンに行くと常夏の酷暑。ヨーロッパ系の方々ばかりが住む街もあれば、ほとんどアフリカ系の方々にしか出会わない街もあります。なんだか十都市回ったというより、十か国でコンサートをしたような旅でした。

訪れたどの町々にも日本人が住んでおられ、その方々との交わりは、かけがえのないものでした。ユリさんのためにと、手作りのおはぎや納豆まで用意して温かく迎えてくださった方々……今も忘れられません。

移民された当時の大変な状況をとつとつと語ってくださったお話も、胸に刻まれています。どの出会いにも、別に本が一冊書けるほど多くのエピソードがありましたが、その中で、「弓場農場」と「サルヴァドール」の思い出をふり返りたいと思います。

まず「弓場農場」は、一九三五年に弓場勇さんを中心として建設された「耕し、祈り、芸術する」共同農場です。サンパウロから約六〇〇キロ、バスで行けども行けども果てしなく続く大地に、突如日本人だけの村（共同体）が現れるのですから、それはそれは驚かされます。

そこでは訪問者も入れて常時七十名ほどの方々が寝食をともにし、自給自足の生活をしておられるのです。言語はもちろん日本語。ここは、完全な「日本」でした。

私もその農場に数日間宿泊し、生活できたことは貴重な経験でした。赤土の大地なので、農場を歩くだけで靴も洋服も茶色になります。洗濯機を使ったとき、「何分くらいで終わりますか?」と尋ねると、「止まるまで」との答え。「洗濯物はどれくらいの時間、干しますか?」と聞くと、「乾くまで」の答え。ようやく時間ばかりを気にしていた自分に気づかされました。虫が多くて、ベッドの布団にも、食堂にもハエがいっぱいでしたが、ハエを手で払いながら食べたお食事は本当に美味しかった！　そこで採れた野菜も飼育している家畜のお肉も、本物の味はこうなんだ、と身体中にしみわたるほど美味しいものでした。

広い農場を耕し、そこで収穫したものを食べ、一切を共有して暮らしておられる素朴な方々へのコンサートなので、てっきり食堂かどこかで歌うミニコンサートをイメージしていましたが、なんとこの農場には、本格的な劇場があったのです。

一九六一年に舞踏家の小原明子氏がご主人とともに移住して来られ、それを機にバレエ団を設立されました。そのレベ

1935年に建設された「弓場農場」

満員のお客様とともに、喜びのコンサート

ルは非常に高く、世界各地で公演するだけでなく、一九九七年には、なんと天皇皇后両陛下の前で公演をされたほどです。そのバレエ団の専用劇場として作られた劇場は、客席数四百五十席で、照明設備や音響機器、見事な緞帳《どんちょう》もあります。
　なんだか立派過ぎて、客席がガラガラだったらどうしようとかえって不安になりましたが、夜の開演前になると、大型バスでぞくぞくとお客さまが集まって来られるではありませんか。周辺の町々かわざわざバスをチャーターしてお越しくださった方々の姿に、弓場農場への信頼の厚さを感じました。

満員のお客さまとともに、「故郷《ふるさと》」など日本の懐かしい歌を涙して歌いながら、イエスさまの愛と十字架を賛美できたのは大きな喜びでした。この農場を建設された方々も、その多くが実はクリスチャンであったとうかがいました。コンサートの最中、ふと、その方々が傍らにいて一緒に歌っているような不思議な感覚を覚えました。この地を命がけで切り開いてこられた方々……その歩みには、どれほどの祈りと涙が積まれたことでしょうか。時代を超えたその祈りが胸に響いてきて、表現できない厳粛な気持ちにさせられました。過去の多くの命がつながって、今私がここで歌っている……そう実感できた特別なコンサートとなりました。

弓場農場での感動を胸に、ブラジル南部から、今度はブラジル北東部の大西洋沿岸にある「サルヴァドール」へと話題を移したいと思います。ここは、ブラジル発祥の地と言われるバイーア州の州都で、世界遺産があり、ブラジルで三番目に大きな都市です。

そのサルヴァドールにある「マッタデサンジョアン」という市でのコンサート。

世界遺産サルヴァドールの街並み

五百人くらい入るきれいなホールでの準備も滞りなく終わり、開演直前のことです。ある方が、高齢の女性を乗せた車椅子を押して会場に来られました。
「ご病気の方ですが、前で聴かせていただいてもいいですか？」の言葉に、「はいどうぞ」とお返事をしたのですが、いざコンサートが始まってみると、そのおばあさんの存在は、かなり気になってしまいました。客席の最前列の真ん中で、ポカーンと口を開けてずっと天井を見ておられるのです。

おばあさんの手を取って

どんなに笑顔を向けても、何を歌っても、まるで無関心。意識しないで歌おうと思っても、真ん前に座っておられるので、どうしても目に入ってしまいます。もう気にしないでおこう……あきらめかけたコンサートの中盤、ある曲を歌い出したとたん、そのおばあさんが初めて私の顔を見たのです。

♪
主我を愛す
主は強ければ
我弱くとも
恐れはあらじ

うつろだった目に生気が宿ってきて、細い声で一緒に歌い出されたのです！
「しゅ〜わ〜れ〜を　あ〜い〜す〜」
その歌声に、周りにいた方もびっくり。おばあさんは、長年病気で、歌どころか話すことさえできなかったそうです。私も思わず舞台を降りて、おばあさんの手を取って歌いました。

♪

我が主イエス　我が主イエス

我が主イエス　我を愛す

いつしか会場中から歌声が湧き上がり、おばあさんとともに大合唱になりました。おばあさんの目には涙が浮かんでいました。

ブラジル移民100周年記念コンサート〜サンパウロにて

あとでうかがうと、そのおばあさんは、日本移民として最初に教会を建てられた女性牧師だったそうです。たとえ病気で話すことさえできなくても、賛美は、魂に刻まれていることを目の当たりにした体験でした。きっと想像を超えるような過酷な状況のなかで、この賛美を叫ぶように歌いつづけ、人生の厳しい旅路を乗り越えてこられたのだろうと思います。絞り出すようなおばあさんの賛美は、今まで聴いたどんな賛美の歌声よりも、私の心にまっすぐに入ってきて感動を与えてくれました。

「賛美は、魂に刻まれた主への叫びだ」そう教えていただいた時でした。

弓場農場の方々、マッタデサンジョアンのおばあさん……ブラジル全土には、日本移民として海を渡って来た多くのご高齢の日本人がおられます。時代が移り、ずいぶんとその数も減ってきたそうですが、その方々の魂に、天国の希望が届くよう祈りつづけています。

もし導かれたら、日本語を話すご高齢の方々がお元気なうちに、再びブラジルの地を訪れて、一緒に賛美をささげる機会をと願っています。

あなたの恵みは、いのちにもまさるゆえ、
私のくちびるは、あなたを賛美します。

——旧約聖書・詩篇六三篇三節

2 中国——君の手のひらと♪

「中国語を勉強しなさい」　そう神さまからの語りかけを受けたのは、台湾伝道ツアーの帰りの飛行機の中です。「どうして中国語？　英語のほうが良いのでは……」などと思い巡らしながら、成田空港から電車に乗っていると、ばったり知人と出会ったのです。その知人が中国語の授業の帰りだと聞いたとき、「神さま、わかりました」と降参の手を挙げました。紹介していただいた先生が、クリスチャンであることもあとからわかり、神さまからの導きだと感じました。

それから十年余。台湾で起こった大震災のときには現地に飛んで、勉強してきた中国語で励ましの歌を届けることができ、神さまの備えに感謝しました。毎年

「四川大地震」の被災地にて

台湾に赴き、各地でコンサートをするようになり、その数は三百回を超えています。

しかし中国本土に行く機会は一度もなく、本土で歌える日を待ち続けていました。

二〇〇八年五月、中国四川省で大地震が発生。死者は七万人近くに上り、負傷者は三十七万人以上という想像を絶する大災害となりました。特に学校が崩壊したので、多くの子どもたちが犠牲となった痛ましいニュースを見て、本当に胸が痛みました。「この時のためなのかもしれない……。主よ、もし御旨ならこの地に遣わしてください」そう祈りました。

歓迎の横断幕とともに～成都にて

その年の十一月、私は日本国際飢餓対策機構の関係者の方々とともに、初めて中国本土の地に立ちました。「物資を運ぶだけでなく、心の支援も行いたいので、同行して歌ってください」とのご依頼を受けたからです。ようやく時が来ました！

「熱烈歓迎」四川省成都市の空港では、そう書かれた横断幕を持って、現地の方々が出迎えてくださいました。ここは中国奥地ですが、人口一千万人を超える大都市で、ホテルや華やかな店も建ち並んでいます。『三国志』ゆかりの地として、観光客も多い場所です。

この成都を拠点として、被災地「都江堰《とこうえん》」へ。地震の爪痕は相当大きく、建物の倒壊など、想像を超えて悲惨な状況でした。翌日のコンサート会場を視察して昼食をとっていたときです。主任の女性が来られて、急遽、公認教会でのコンサートが中止となったと伝えてきたのです。なんとスタッフのジャケットに書かれていた「国際」の文字がいけなかったとのことですが、実際には、私が音響チェックの際に中国語で歌った賛美歌が問題だったのかもしれません。宗教色は出さないようにとのことで、スタッフ間に緊張が走りました。

翌日、新たに決まったコンサート会場である仮設住宅には、特設ステージが組まれ、ぞくぞくと人々が集まって来ました。朝十時、いよいよコンサート開始です。極寒の野外でしたので、真っ赤なダウンジャケットが衣装でしたが、元気良く歌いはじめました。

「大家好！　我是森祐理。初次見面。我很高興見到你面！（皆さん、こんにちは！　モリユリです。初めまして。皆さんと会えて嬉しいです！）」

大声で挨拶すると、皆さん割れんばかりの拍手で迎えてくださいました。中国の民謡、流行歌、楽しい手遊びの歌などを歌って、会場は大盛り上がり。最後は全員で手をつなぎながら歌って、コンサートは大盛況のうちに幕を閉じました。

♪

君の手のひらと　ぼくの手のひらと
そっと重ねてごらん　心のぬくもり伝わる

午後は、三六〇度壊れた建物に囲まれたビアガーデンの野外ステージで歌いました。三百名以上の方々が集まってくださって、笑顔と涙に包まれた感動の時となりました。

「こういう支援を待っていた！」
「物資だけでない心の励まし、本当にうれしかった！」
涙とともに語られた言葉は、私たち日本人チームにとって、かけがえのない宝物となりました。政府の関係者の方も、「政治家が十回来るよりも、友好の成果を残した意義深いコンサートだった」と喜んでくださり、改めて主の守りに感謝しました。もし予定どおり公認教会でコンサートをしていたら、私は賛美歌ばかり歌って、二度と中国本土の地を踏むことはできなかったでしょう。主は人の思いを超えて働いてくださるお方だと御名をあがめました。

たくさんの方々の喜びの言葉のあと、最後に車椅子に乗ったおばあさんが近づいて来られました。私はてっきりその方も感謝を伝えに来られたのだと思って、満面の笑みで手を差し出しました。おばあさんは、その手を握ろうともせず、じっと私の方を見て、ひと言こう言われたのです。

「私は、日本人が大嫌いだった」

笑顔が凍りつきました。なんと答えたら良いのでしょうか……。

おばあさんは続けられました。「戦争のことや歴史のことがあって、私たち家族は、つらい目に遭った。だから日本人を憎んでいた」そしてひと呼吸して、こう言われました。

「今回地震で怪我をして、車椅子がないと動けない身体になってしまった。いろんな国から物資が届いたけれど、一番求めていた心の支援が、今日、あんたたち日本人から届いた。私は間違っていた。日本人を憎んでいたこと、赦してほしい」

私の目から涙が湧き上がりました。

「おばあさんの家族を苦しめた私たち日本人こそ、赦してくださ い！」 おばあさんの手を取ってそう言いました。おばあさんの目からも涙がこぼれました。

♪

手と手をつなごう　私からあなたへ
手と手をつなごう　みんなで

我們手牽手的話　心也連着心
我們手牽手的話　心連着心

輝くような笑顔で、何度も何度も振り返りながら帰って行かれるおばあさんを見ながら、この地に来た意味を思わされました。だれでも憎しみをもって生きるのは、つらいことです。

おばあさんの心から、憎しみを取り除くきっかけとしても、今回の旅が用いられたことに、天を仰ぎました。もし、震災で弟を失っていなかったら、私は中国の奥地まで歌いに来ることはなかったでしょう。そうしたら、あのおばあさんは、一生心に憎しみを持って生きていかなければならなかったかもしれない。弟の死を通して、おばあさんと出会い、その心に赦しの思いを届けられたことは、なんという幸いでしょうか。神さまは、一人の命を決して無駄にされないお方だと深く思わされました。

翌年の五月、私は再び四川省成都の地を訪れました。震災の一周年コンサートをするためです。あのおばあさんとはお会いできませんでしたが、前回のコンサートで司会をした方が、その後、洗礼を受けてクリスチャンになっておられることをうかがい、主をたたえました。

「中国語を勉強しなさい」との語りかけを受けて、十年以上の歳月の後、中国への道が開かれました。神さまは、長い目で人生のご計画を持ってくださるお方だと思います。

弟の死からはすでに二十年以上が経ちましたが、今なおその命の実があちこちで見られることは本当に感謝なことです。これからもすべてのことに相働いて益としてくださる主にゆだねつつ、人生の道を歩んでいきたいと思わされています。

もし人の罪を赦すなら、
あなたがたの天の父も
あなたがたを赦してくださいます。
――新約聖書・マタイの福音書六章一四節

支援コンサートに携わってくださった日中韓のスタッフとともに

3 カンボジア——十字架より叫び聞こゆ♪

「カンボジア」と聞いて、最初に思い浮かべるのは、ユネスコの世界遺産「アンコールワット」ではないでしょうか。この遺跡は、カンボジア国旗の中央にもこの国の象徴として描かれていて、世界中から観光客が訪れる場所です。出発直前まで忙しい日々が続いていたので、カンボジアについてあまり調べることなく、遺跡が人気の国だ……くらいの認識で機上の人となりました。ところが実際この目で見たカンボジアは、ポル・ポト政権の圧政の傷跡が色濃く残り、まだまだ厳しい状況が続いていました。

日本からタイ・バンコク経由でカンボジアのシェムリアップ空港へ。観光客が多い場所だけあって、豪華なホテルも建ち並んでいます。でもそこから車で二時間も走ると、貧しい村々が点在していました。目的地のアンロンベンは、タイとの国境近くにあり、激しい内戦があった場所です。アフリカを思わせるような赤土の大地が広がり、訪れた村には、木と藁でできた高床式の家々がありましたが、壊れかけているように見えます。私たちチームが泊まったゲストハウスは、村で唯一お湯が出たのですが、とにかく蚊が多くて大変でした。私の部屋は一階で裏が溝になっていたので、そこから蚊が湧いてくるのでしょう。部屋には大袈裟でなく百匹くらい蚊がいて、毎日、殺虫剤と蚊取り線香をもっての闘いでした。

そんな貧しい村でしたが、人々は温かくて、はにかみながらも私たち日本人を迎えてくださいました。子どもたちは、ボロボロの服に素足でしたが、一緒に歌うと大喜びで、イエスさまのお話も目を輝かせて聴いてくれました。その村で楽しく食事をしたのですが、後からこの一食分が、村の人たちの一か月分の給料にあたると聞いて、胸がつまりました。

その村のあちこちで、「どくろマーク」の看板が目につきました。「これは？」とうかがうと、なんと地雷が埋まっている印だそうです。「ユリさん、気をつけて歩いてください」と言われましたが、どうやって気をつければよいのでしょうか！　ただハラハラしながら、摺《す》り足で歩くしかありませんでした。

地雷が埋まっている印の「どくろマーク」

村では、足のない方、片手のない方たちをよく見かけましたが、その方々が村のリーダーだそうです。ほとんどが地雷で手足を失った方々ですが、政府の方針で、優先的に良い地位につけるそうです。ですので、あまりにも貧しい家庭だと、母親が子どもを産んだときに、わざと手足を折ることさえあると聞いて絶句。極限の貧しさを目の当たりにして、その現実にどう向き合うべきか、戸惑いさえ覚えました。

そんな村を歩いていると、ある小さな家から子どもたちが出て来ました。次々と出てきて、その母親らしき人も一緒に出て来られたので、話しかけてみました。

「こんにちは。お子さん、たくさんおられますね。何人いるのですか？」

その母親は、怪訝そうな顔をしてこちらを見ておられます。聞こえにくかったのかしらと思って、少し大きな声で尋ねました。

「こんにちは！　お子さん、何人おられますか？」

村の子どもたちとその母親

やはりきょとんとした顔でこちらを見ています。仕方がないので、もう一回同じことを聞こうとしたときです。現地スタッフの方が、私の耳元でこう言われたのです。

「ユリさん、この母親は生まれてから一度も学校に行っていないので、数を数えることができないんです。だから、自分の子どもが何人いるかわからないのです。」

ショックでした。自分がお腹を痛めて産んだわが子が何人いるかわからないとは……。呆然としていると、スタッフは続けました。

「それだけじゃないんです。今日が何月何日かわからない。自分の誕生日も知らない。収穫した作物もあまり数えられない。時間軸がないから、将来の計画も立てられず、その日その日を生きるしかないんです。」

なんということでしょうか。教育というのは、より良い生活をするために必要だと思っていましたが、「人間として生きるための最低限の知識」を与えるものだと知りました。この母親だけでなく、村人のほとんどが教育を受けることができず、識字率も非常に低いそうです。外で無邪気に遊ぶ子どもたちも、学校に行ける可能性は少ないそうで、この子たちに、学ぶ機会と生きる意味を、と祈らされました。

村人たちとの別れを惜しみながら、私たち一行はアンロンベンの村を後にして、カンボジアの首都であるプノンペンへと向かいました。村と違い、車やバイクがすごいスピードで走っていて、怖いくらいです。冒頭にも書きましたが、カンボジアでは、今から四十年ほど前にポル・ポト政権による大虐殺があり、二百万人以上もの人が殺された悲しい歴史があります。

プノンペンでは、その現実を今に伝える「トゥールスレン博物館」と「キリングフィールド」を訪ねる機会が与えられました。虐殺記念館としては、「アウシュヴィッツ」や「ヤド・ヴァシェム」なども訪れましたが、ここはもっと生々しく悲惨な状況が残されているように感じました。

棚には、何百という頭蓋骨や白骨が置かれ、なんと歩いている道にまで白骨が

棚に置かれた頭蓋骨と白骨

子どもたちを打ちつけて殺した木

埋まっています。子どもを打ちつけて殺した木や拷問の器具がそのまま置かれ、正常な神経ではとても見ていられません。殺されていく人々の写真を見ながら、人はなぜ、こうも残酷になれるのかと思わされました。すると突然、ある賛美歌の一節が心の耳に流れてきたのです。

♪

十字架より叫び聞こゆ
彼らを赦したまえと
神の御子苦しみ受け
世の罪を負いたもう

主イエスさまが、十字架の上で「父よ。彼らを

アンロンベンの村の子どもたちと一緒に歌う

お赦しください。彼らは、何をしているのか自分でわからないのです」と叫ばれたのは、このためでもあったことを思い、主の御救いの大きさに身震いしました。恐ろしい虐殺の現実を見ながらも、逆に、イエスさまが十字架で流された血潮によって赦されない罪はないのだと、その愛の大きさに圧倒されたのです。

極限の貧しさと虐殺の悲惨さを目の当たりにしたカンボジアでしたが、だからこそ得ることのできた多くの学びがありました。

帰国後、訪れたあの村では、学校がある近隣の村に行くことができるよう、橋を架ける働きが始まっていると聞きました。橋がないために、子どもたちは川を渡れず、学校に行くことができなかったそうです。たった一本の橋が、子どもたちの人生を変えるかもしれない……。

子どもたちの人生に希望をつなぐ橋が架かることを願いつつ、私自身も、そんな橋のような存在になりたい、と思わされました。永遠のいのちであるイエスさまと、だれかをつなぐ架け橋になれたらどんなに幸いでしょうか。まだ傷ついているカンボジアの地と人々が、イエスさまの愛によって癒され、本当の希望が満ちますよう、今も祈らされています。

見よ。わたしはこの町の傷をいやして直し、
彼らをいやして彼らに平安と真実を豊かに示す。

——旧約聖書・エレミヤ書三三章六節

4 イスラエル——黄金のエルサレム♪

「ただいま！」　イスラエルに到着した瞬間に、毎回こう言います。ほかに数十回も訪問している国々が多くあるのに、不思議ですね。イスラエルは、まさに聖書の世界ですから、「魂の故郷」でもあるように思います。だから家に帰って来たような安らぎを覚えるのでしょう。「イスラエル＆ローマの旅」のように、ほかの国とセットで旅をするときもありますが、イスラエルに入ったとたん、ホッとするような感覚になるのは私一人ではないかもしれません。毎回レギュラーで参加するYさんは、「私はイスラエル在住で、日本に出稼ぎに来ているの。ツアーは年に一回の里帰り」と冗談をおっしゃるのですが、それが本心のような気もします。そんな特別な地イスラエルを旅するのは、神さまからの恵みを直接体験

オリーブ山からエルサレムの街をのぞんで

でき、霊的な祝福を受ける機会でもあると思います。

はじめてイスラエルを旅したのは、一九九五年の二月のことです。あの阪神淡路大震災の翌月です。当時神戸大学の学生だった弟を震災で失い、私たち家族も私自身も嵐のような日々を過ごしていました。そんな中での出発でしたから、聖書の世界を旅する喜びというよりは、この現実から離れたいような気持ちで現地へと向かったのです。

死海での浮遊体験、モーセが十戒を受けたシナイ登山、美しいガリラヤ湖のさざ波を見ての湖上遊覧……どれもすばらしかったのですが、私自身は精神的にも肉体的にも疲れていました。途中から体調を崩し、ホテルの部屋で寝ている状況になってしまいました。熱でフラフラしながらも、起きて部屋の窓辺に行くと、エルサレムの旧市街が見えました。

この街をイエスさまが生きて歩かれたんだ、そう思ったとたん、溜まっていたものが一気に噴き出し、号泣しました。弟のこと、これからのこと、いろんな思いが涙となって、とめどなく湧き上がってきたのです。

♪

黄昏の山々　色映えて
松の香ただよい　鐘の音響く
夢を見ているようなエルサレムよ
城壁見上げてひとりたたずむ

エルサレムの街は、悲しみを通ったばかりの私を優しく包んでくれました。体調のせいで、後半はほとんど観光できませんでしたが、もっと大切な心の癒しを与えてくれたのです。それ以来私にとって、イスラエルは、「ただいま」と言える場所になりました。

あれから十数回イスラエルに行っていますが、毎回数えきれない恵みの出来事があり、驚くような奇跡がありました。

そんな思い出を振り返ると、すぐにさまざまな出来事が浮かんできます。

足の病気で強い薬が手放せなかった方は、参加者全員で手を置いてお祈りした翌日、お薬を飲まなくても歩けるようになられました。その方とご主人が、ガリラヤ湖の船上で、ダンスを踊られたときは、参加者一同、目を丸くして驚き、御名をたたえました。

結婚式を挙げられなかったカップルに、「カナの婚礼教会」でサプライズの結婚式を準備して、祝福の手作り結婚式を行ったこともあります。

大拍手で迎えられた登山者たち〜シナイ山の麓で

脳性まひの女性は、杖をついてもまっすぐ歩くことが難しかったのですが、なんとシナイ登山に挑戦。往復六時間の登山を歩ききり、麓では参加者からの大拍手で迎えられました。

クリスチャンでなかったご婦人は、イスラエルで信仰を持ち、帰国後洗礼を受けて、今では私の後援会の四国支部の代表になっておられます。

そんなエピソードを書き出したら、それだけで本が終わってしまうのですが、私自身も、具体的な癒しを体験したことがありますので、少しお分かちいたしますね。

実は二〇一三年の年末、声帯に結節ができ、声が出なくなったことがありました。一か月近くコンサートをお休みしてそのあと復帰したのですが、なんだか歌いにくいのです。声帯自体は良くなっているのですが、ひと月も歌の筋肉を使わなかったせいか、思うように声が出せない気がしました。そう思ったら余計に意識してしまって、のびのび歌えない。なんとももどかしい気持ちで、コンサートに臨んでいたころに、イスラエルツアーがありました。

旅の終盤、「ペテロの召命教会」で二十分ほど、ひとりゆっくりと祈る時間が与えられました。

「神さま、もっと自由に歌えるようになりたいのです。私らしく、魂からの賛美を歌えるようにしてください！」

そう祈っていた時です。心に神さまの声が聞こえたのです。

「あの鳥の声を聞け。あの鳥のように喜び歌え」

耳を澄ますと、外で鳥たちが高らかにさえずっていました。

「そうだ。あの鳥のように喜び歌おう」

そう決心して立ち上がった時です。自分の声が完全に癒されたことを知りま

「ペテロの召命教会」での祈り

した。それから、コンサートで歌っていても練習していても、筋肉が柔らかく動いてくれるのを感じています。筋肉疲労も、気持ちの不安も、このイスラエルの祈りで取り除かれ、再び喜び歌えるようになったのは、なんという恵みでしょうか。天国に行く日まで、現役で喜び歌えますように……それが今の個人的な祈りです。

さて、聖地旅行のクライマックスの一つといえば、イエスさまが十字架を背負ってゴルゴタの丘まで歩まれた道「ヴィア・ドロローサ」を歩くことだと思います。

石畳の曲がりくねった道を、イエスさまの苦しみを思いながら歩くと、十字架の苦しみが現実のものとして迫ってくるのです。アラブの人たちが「ワンダラー（1$）、ワンダラー」とお土産物を勧める声さえ、いつしか「十字架につけろ！十字架につけろ！」とユダヤ人たちが叫んだ声に聞こえてくるように感じます。狭い迷路のような道の両脇には、さまざまな食物も売られていて、独特の臭いも漂っています。「ヴィア・ドロローサ」は、ドロドロとしたこの世の現実と主の嘆きが混在した場所であるように思います。

そんな「ヴィア・ドロローサ」での出来事。「聖アンナの教会」で皆さんと賛美をささげ、いよいよ「ヴィア・ドロローサ」を歩き出そうとしたときです。

「Tさんがいない！」だれかが叫びました。そういえば、教会の中でも小柄なTさんの姿は見かけませんでした。

スタッフはあちこち走り回って探しましたが、どこにも見当たらず、これは一大事です。もしひとりで、決して治安の良くない「ヴィア・ドロローサ」に入っ

迷路のような「ヴィア・ドロローサ」

てしまっていたら、まさに迷路のような場所なので大変なことになります。メンバー全員に不安が広がりました。スタッフの方々が捜しに行っている間、私たちは教会の庭で待っていましたが、心配で会話もできません。賛美しようとしてもそんな気分になれず、だれともなしに輪になって祈りだしました。

「主よ、Tさんが無事戻って来ますように。一分でも早く再会できますように。トラブルに巻き込まれていませんように……」

皆さん真剣に祈りました。そして

その祈りのなかで、イエスさまが九十九匹の羊を置いて、たった一匹の羊を捜しに行かれた気持ちが深く理解できました。だれ一人としてツアーが中断されたことに文句を言う人はおらず、安全なところにいる自分たちではなく、ひとりぼっちで不安のなかにいるTさんのことを心配していたのです。

かれこれ一時間近く経ったでしょうか。

「見つかった！」　ガイドさんの携帯に連絡が入りました。

「良かった〜！」　大歓声が起こり、涙を浮かべている人もいました。笑顔と涙とともに、Tさんと再会できた喜びは、言葉では書き表せないほどです。まさにそのときメンバー全員で、イエスさまが迷子の羊を見つけた喜びを体験できたのは、特別な学びでした。

Tさんとの感激の再会

「これからは、失われたたましいを見つけ出して、父なる神さまのもとへお連れする者となりたい」　そう皆で祈りをささげたのです。

♪

エルシャライム　シェルザハブ
夕日に輝き　私は主をほめる　竪琴で

イスラエルは、聖書を実際に体験できる世界。聖書の世界を目で見て、聴いて、触れて……、五感で体験するとき、人生の何かが具体的に変わるように思います。今、中東情勢の関係で、入ることができない場所も多くなっていますが、「エルサレムの平和のために祈れ」のみことばを覚えつつ、その平和を祈りたいと思います。そしてもう一度、夕日に輝くエルサレムを見ながら歌える日を、心より夢見ています。

イスラエルの上に平和があるように。
――旧約聖書・詩篇一二八篇六節

イスラエル国旗を背にして

5

フィリピン──イエスタデイズ　ドリーム♪

二〇一三年十一月八日、フィリピンを襲った台風三〇号は、「過去に類を見ないほどの規模」と言われ、フィリピンの九地域に甚大な被害を与えました。現地名で「ヨランダ」と呼ばれるこの台風の死者数は六千人以上、被災者数は千六百万人以上で、直撃した島々は、壊滅的な被害を受けたのです。

その台風から、八か月経った二〇一四年七月、私はレイテ島、サマール島を訪れました。降り立ったタクロバンの空港は、台風の影響でしょうか、ターンテーブルは止まっていて、スーツケースも手作業で運ばれ、トイレも壊れています。迎えてくださった「ＦＨ（国際飢餓対策機構）フィリピン」の車に乗り込んで町を走ると、バラックが軒を連ね、赤錆びたトタン屋根の壊れかけた家々が道路の両脇に続いていました。

「復興は、まだまだのようですね」そう言うと、「ユリさん、もともと貧しいので、どこからが台風被害で、どこまでが元の状態かわからないのです」とのお返事に絶句。東日本の被災地でもどこでも、整然とした街並みが災害によって壊され、それが復興して再びきれいな街並みに戻っていく、という図式が当たり前だと思っていました。でも最初から壊れかけた家々が並ぶ地域の人々は、復興という意識があまりなく、壊れた所をトタン板やブルーシートで補ってそのまま生活していくそうです。

ブルーシートに覆われた家々

複雑な思いでホテルに着くと、あちらこちらで工事中です。日本人が泊まるホテルは、比較的良いランクだそうですが、それでも停電は日常茶飯時。水道の蛇口からときどきコーヒー色の水が出たり、購入したペットボトルのジュースが腐っていたりと、驚くことも多かったのですが、それでも現地の人々は明るく元気いっぱいです。たとえ停電しても、「それがどうしたの？」とサラッと受け流しているのです。なんだか、小さなことで騒いでいる自分が恥ずかしくなって、「まぁいいや〜」と思えるようになるから不思議です。フィリピンの台風被災地は、そんなパワーにあふれた町でした。

土曜日は被災地を視察。そのとき、「ここが明日コンサートをする教会です」と言われた場所を見て、目を疑いました。どう見ても、ただの空き地にしか見えません。後ろの小屋では、牧師らしき人が、黙々とペンキを塗っておられます。聞くと、あの台風で教会の建物がすべて吹き飛んだのだそうです。明日は炎天下での野外賛美だと覚悟しましたが、翌日に行ってみると、ただの空き地に見えた

30度を超す猛暑のなかでの礼拝賛美

場所には大きなテントが掛けられ、簡易の講壇も置かれていました。
でもそのテント、礼拝が始まったころはありがたかったのですが、時間が経つにつれ、三〇度を超す猛暑で温室状態となり、頭がボーっとするほどの暑さになりました。熱中症で倒れませんように……と願いながら、日本から持参した電池式の音響機材（もちろん電気がないので）で賛美をささげました。

歌いだすと、すぐ皆さんも一緒に歌いはじめ、手拍子足拍子で元気に賛美されます。鶏や猫が走り回るなかで賛美をしていると、いつしか風景が涙でにじんできました。はじめて出会った島の人々ですが、ともに涙して賛美するなかで、「ああ、主の家族なんだ」と実感できたのです。

さぁ翌日は、いよいよサマール島フェレラス小学校でのコンサート。到着すると、村人と子どもたちが日本とフィリピンの旗を振りながら大歓迎で迎えてくれました。「Welcome! Ms.YURI MORI」の大看板も掲げられています。なんだか学校行事というより村挙げてのイベントという感じです。村長さんの挨拶があり、国歌斉唱、子どもたちの歓迎の歌に続いてコンサートがはじまると、子どもたちは立ち上がって大喜びで歌い、踊り、大興奮。学校の広場での野外コンサートですから、続々と村人たちも集まって来て、英語とタガログ語とワライ語が入りまじった歌で大盛り上がりの時間になりました。台風で大きな被害を受けたという暗さはみじんも感じられません。でも最後に、「イエスタデイズ　ドリーム（*Yesterday's Dream*）」というフィリピンの子どもたちが大好きな曲を歌いだすと、急に真剣な顔になって静かに聴いてくれました。

♪
僕らは昨日の夢の実現　僕らは未来の約束
豊かな国も貧しい国も　すべての人に愛の旗を振る
僕らは休むことなく働き続ける若い世代
導いてくれる手が必要　助け合い互いに成長できるんだ
君と僕とが一緒なら

キラキラした瞳で聴いてくれる姿を見ながら、まさに子どもたちこそ、昨日の夢が実現した存在なんだと思わされました。たとえ災害に見舞われようと、決して明るさを失わないフィリピンの人たちの強さを、子どもたちのなかにも見ることのできた瞬間でした。

そんな感動を胸に、明日のバセイ第二小学校でのコンサートも頑張ろう！と思っていたのですが、翌朝、なんと台風が直撃したのです！　サマール島の学校は全島で休校になってしまいました。

がっかりしましたが、急遽ウタップ地区の教会でコンサートをすることに。この教会もヨランダ台風で壁と二階が吹き飛び、柱と屋根だけが残された建物です。そこで歌いはじめたのですが、猛烈な雨風がまともに吹き込んできます。時には木片や木の枝がバーンと飛び込んでくるのを必死で避けながら歌う、まさに嵐のコンサートでした。

それでも人々はまったく平気。雨でも風でも関係なく、笑いながら一緒に歌っている姿に、私もだんだん気が楽になってきて、なんだか嵐さえも楽しみつつ歌

バセイ地区の村でのコンサート

うことができました。

その翌日は日本へ帰国の予定日。ところが台風はますます猛威を増し、飛行機便はすべて欠航。二日後しか飛ばないとのことです。台風被害の支援コンサートに来て、自分が台風被害に遭うとは夢にも思いませんでした。

重いスーツケースを引っ張って、朝チェックアウトしたホテルに再び戻って来たとき、覚悟が決まりました。きっと神さまが何か計画しておられるのだ、機会が与えられる限り、精いっぱい歌おう。その日は、またまた急遽決まったバセイ地区の村でのコンサートを行い、翌日は、キャンセルになっていたバセイ第二小学校でのコンサート再行が決定しました。

バセイ第二小学校の校庭には、六百人以上の子どもたちが押し合いへし合い集まっています。朝から台風一過で見事な青空。神さまは、台風で帰国を延期されるほど、このコンサートを望んでくださったのだ、などと思いながら楽しく歌っていたときです。突然、青空が一転掻き曇り、黒雲がモクモクと空に広がりました。あれ、と思う間もなくポツポツと大粒の雨が落ちてきて、すぐにザーッとすごいスコールが降ってきたのです。

ワーッと叫んで子どもたちは校庭を走り回り、音響のケーブルも機材も泥でグチャグチャ。コンサートは中断です。せっかくキャンセルになったコンサートが実現できたのに、神さま、なぜですか、そう思いながら雨空を見上げました。ようやく雨がやんでコンサートを再開したのも束の間、数曲歌っただけで、また雨が……。本当にため息でした。でも子どもたちの多くはそのまま動かず、大人たちは傘を差して聴いてくれたのです。最後は、「イエスタデイズ　ドリーム」を全員で大合唱。あの感動の歌声は、今も耳に響いています。

♪

僕らは最善を成したいと心から願っている
世界中でたった一人の特別な存在
国もみんなも力を合わせよう
君のため、僕のため、明日を築こう

バセイ第二小学校でのコンサート

「アリガト、アリガト」帰るときも、走り出す車を追いかけて手を振る子どもたち。私も車窓越しに手を振り続けながら、熱いものがこみ上げてきました。

たとえ貧しくとも希望を失わず、毎年台風が来る風土さえも受け入れて、明るく生きようとするフィリピンの島の人々。もちろんその笑顔の下にさまざまな悲しみが隠されていることも事実だと思います。それでもそのつらさに閉じこもらない強さを感じ、私自身の生き方も問われた気がします。悲しみも喜びも、雨も晴れもすべては神さまが与えてくださった良きものとして受け取り、たくましく生きる人々の姿に、大きな勇気をいただきました。
「アンディオス　アイ　マブーティ！（主はすばらしい）」そう叫んで主を賛美している人々の笑顔が、南国の太陽のように輝いて思い出されるのです。

幸いなことよ。すべて主に身を避ける人は。
――旧約聖書・詩篇二篇一二節

「アリガト、アリガト」と手を振る子どもたち

6 東日本大震災——そっと寄り添って♪

「ユリさん、日本が大変なことに！」

スタッフが大声を上げながらホテルのドアをノックしてきました。台湾でのコンサートツアー中で、しばしホテルの部屋で休んでいたときです。その尋常でない声に驚いてテレビをつけると、信じられないような映像が目に飛び込んできました。つぶれた家屋、どす黒い津波、燃える海……ニュースの映像を見ながら茫然と立ちすくんだことが今も忘れられません。

「神さま、日本に何が起こったのですか！　助けてください」　その場に座り込んで祈りました。二〇一一年三月十一日のことです。

本当は翌日にでも日本に帰りたかったのですが、まだ十回ものコンサートが残されていて勝手なことは許されません。ただひたすらに祈りながら、重い心を抱えてコンサートに臨みました。でも台湾の方々は優しくて、翌日からのコンサートをすべて日本のためのチャリティにしてくださいました。今思うと、もし日本にいても翌日からすぐにチャリティコンサートを開くことはできなかったので、台湾にいたことに意味があったのだと思います。

日本に帰国後、そのチャリティコンサートで預かった募金を、お薬や下着、ランドセルなどに換えて、東北へと向かいました。東日本大震災発生からちょうど三週間後でした。

「緊急車両」のステッカーを貼った車で大阪から宮城へ二日がかりで移動。現地に近づくと、自衛隊の車やパトカーが何台も走っています。被災地に近づくにつれ、私は「阪神淡路大震災」を思い出さずにはいられませんでした。

当時大学生だった弟は、下宿で建物の下敷きになり亡くなりました。瓦礫から掘り出され、汚いシーツでぐるぐると巻かれた弟の遺体が実家に運び込まれたとき、「心に穴が空いた」ように感じました。この悲しみの穴をどうしたら閉じられるのだろう、と思いました。

でも時が経つにつれて、その心の穴から、人の痛みが入ってくるようになりました。他人の悲しみや優しい言葉が深く入ってくるようになったのです。いてもたってもいられずに神戸の被災地へ出て行って歌うようになり、それから国内各地また海外のさまざまな被災地へ赴くようになりました。弟の死を通して、「心の救援物資を届けたい」――これが私の使命となったのです。だからこの東日本大震災でも、突き動かされるような思いで東北の被災地へと向かいました。

現地では、すでに活動をしていたNGO団体「日本国際飢餓対策機構」のスタッフと合流して、避難所で物資を配りました。二〇〇六年より親善大使をしてい

東日本大震災、仙台の支援物資センターにて

る関係で、現場にもスムーズに入って活動できたことは本当にありがたいことでした。

避難所となっている学校の教室で、物資を配って帰ろうとしたときです。

「ユリさん、ここで歌ってくださ い」と一人のスタッフがおっしゃいました。

「ここで……ですか？ 無理です。だって皆さん寝ておられますから」

そう答えたのですが、そのスタッフは、もう一度「歌ってください」と強くおっしゃったのです。

足ががくがく震えました。もしも

非常識だ、と怒られたらどうしよう……怖かったのです。でも、それ以上に何かが私を動かし、前に立ちました。

「皆さん、本当に大変だと思います。私も神戸の震災で弟を失いました。どうぞ歌を聴いてください」そう言って歌いだしました。もちろんマイクも伴奏もありません。アカペラで歌っているうちに、一人二人むっくりむっくりと起き出し、正座して歌を聴いてくださったのです。泣きながら聴いてくださる方もいました。

「お姉ちゃん、ありがとう！」拍手とともに声をかけてくださった方々。

「歌ってもいいんですか」

「当たり前や。俺たち、家も仕事も失って、ここで寝ているしかできん。歌ってくれ」

その言葉がきっかけで、堰《せき》を切ったように歌いだしました。あちらの避難所、こちらの避難所、各教室を回って歌いました。玄関まで患者さんがあふれている病院では、二階三階と全部の階で歌いました。どの方々も大変な状況のなかで、涙をもって聴いてくださいました。手をつなぎ、時には私の胸で号泣される方の背中をさすりながら、一緒に歌い続けました。

「あんたの歌聴いて、自殺するのをやめにした」そう言ってくれたおじさん。若い職員が死んでしまった老人ホームで、「自分が死ねばよかった」とずっと落ち込んでおられたおばあさん。歌の後、「私でも生きてて良いのやね」と大泣きされました。

「あんたのこと、遠くから来た歌手やと思っていたけれど違う。あんたも私らの仲間やね」そう言ってくれた言葉に、弟の命がつながっている！と胸が熱くなりました。

♪

あなたの痛みに　そっと寄り添って

静かに歌おう　涙かわく時まで

あれから五年以上が経ち、東北での支援コンサート数は百回を超えました。宮城、福島、岩手、山形……多くの出会いがあり、数々の忘れられない出来事がありました。

東北の方々と触れ合うなかで驚いたことは、多くの方が「人前で泣かないように頑張った」とおっしゃることです。

避難所になっている学校の教室で歌う

ある学校の先生は、うつむきながら歌を聴いておられましたが、途中からポトポトと涙をこぼし、最後は号泣されました。実は、泣くのをがまんするあまり、心の病になり、実際に泣くことができなくなってしまったそうです。「私、やっと泣くことができました！」そう言いながら、コンサートが終わってもずっと泣き続けておられました。

別人のような笑顔で帰って行かれるその方を見ながら、「涙は、心のお薬」だと思いました。涙は、カラカラに乾いた心を潤してくれるたましいの水なのだと思わされたのです。

100回を超えた東北での支援コンサート

震災の直後、ある女性が「地震でも、津波でも泣かなかった。今日、歌聴いて泣けてきた」と言ってくださいました。苦しみの真っただ中にいる時は、涙さえも出ない。泣けるようになったら、癒しが始まっているのだと思います。歌が涙の泉を開き、その涙が心の癒しになりますように……と祈りながら歌います。

♪
あなたの涙は　この土地を潤して
未来へ　希望の花を咲かすから
あなたの涙は　この国を潤して
未来へ　命の花を咲かすから

東日本大震災以降も、広島や大島での土砂災害、和歌山や茨城での水害、そしてまた熊本や大分での大震災など、胸痛むような災害が頻発しています。多くの方々がさらなる苦しみのなかに置かれ、「主よ、なぜですか」と叫ばずにはいられない気持ちになります。

この二十年余、大災害が起こった多くの地に赴き、歌の救援物資を届けてきました。でも正直、つらい状況のなかにおられる方々と向き合うことは、生半可なことではありません。たった一言がさらに傷つけてしまうかもしれないのです。同じ震災の被災者であっても、お一人お一人同じ苦しみはなく、その方にしかわからない苦しみがあります。だから、ただ主が寄り添ってくださるよう、祈りながら歌うしかできません。主が慰めを注いでくださるよう、肩に手を置いて祈るしかできないのです。

主がなぜ、その人の人生にこのような災害や苦しみを許されたのかはわかりませんが、私自身、弟の死があるからこそ今も歌いつづけることができるように、その苦しみを通してしか開くことのできない新しい扉があると信じます。神さまは愛ですから、苦しみの先に、もっと大切な何かを用意しておられると思うのです。多くの涙がこの日本を潤して、本当の希望の花を咲かせる日が来ることを信じて、これからも命の許される限り、神さまからの「心の救援物資」を届けていきたいと願っています。

わたしは彼らの悲しみを喜びに変え、
彼らの憂いを慰め、楽しませる。
――旧約聖書・エレミヤ書三一章一三節

7 ルワンダ――平和の祈り♪

「アマホロ　イマーナ！」　これは、ルワンダで挨拶によく使われる言葉で、「神さまの平和」という意味だそうです。ルワンダでの滞在は、なんと意味深い一週間だったことでしょうか。あの一九九四年に起こった大虐殺の爪痕を目の当たりにし、人々の心に残る「癒えぬ傷跡」を知るなかで、まさに「平和」について強烈に考えさせられた機会となりました。

ルワンダに入る前にケニアのナイロビを訪れ、スラム街の学校で歌ったりしましたので、ルワンダに到着した瞬間に感じたのは、「街がきれい」ということでした。今まで行ったアフリカの町々とは違い、ゴミもあまり落ちていませんし、女性たちもファッショナブル。
ルワンダでは、「ウムガンダ」といって、国レベルで毎月掃除の日があるそうです。「ウムガンダ」の時間中はお店も開けられず、もしその時間に車で走っていたら、警察に事情聴取をされるほど本格的な掃除時間なので、町がきれいなのもうなずかされます。

そんな街並みを車窓から眺めながら最初に着いた場所は、首都キガリにある「ジェノサイド記念館」。ケニアから飛行機で移動し旅行気分だったのが、いきなり恐ろしい現実を見せられた気がしました。「ジェノサイド」とは、民族や人種への抹消行為を指す言葉で、一般的には「大量虐殺」を意味します。フツ族が、その数八十万とも百万ともいわれるツチ族の人々を殺害した悲劇。この記念館には、虐殺へとつながっていく植民地時代の背景、経緯、虐殺後の社会の様子などが展示され、遺骨も多く納められています。その一つ一つを見ながら、今まで知らなかった虐殺の状況に愕然としました。昨日まで一緒に働いていた仲間、教会で一緒に祈っていた友が殺し合う……その現実の恐ろしさに言葉が出ませんでした。ただ黙って、慰霊のモニュメントにバラの花をささげました。

翌日は、ジェノサイドが起こった教会を訪問。建物の壁面には、「平和」を表す紫と白の布が飾られています。レンガ造りの建物の内部に入ると、真っ暗で一瞬何も見えませんでした。次第に暗闇に目が慣れてくると、そこで目に飛び込んできたものは、すごい数の白骨、犠牲者のボロボロになった衣服、人々を殺したナタや刃物、銃弾によって開いた無数の穴……。「このナタで数百人を殺したそうです」「この壁のシミは、幼い子どもの頭を打ちつけて殺した跡です」目の前がクラクラして説明されるスタッフの声が遠くに聞こえるほど、ここは死の恐怖が色濃く残る場所で、何かに押し潰されそうな重圧によって歩くのもやっとでした。

キリスト教国であるルワンダの人々が、なぜこのような狂気の中に陥ってしまったのか……、その場を離れた後も悶々と考えつづけ、ふと気づくと、私たちは「バナナ畑」に来ていました。そこでは多くの人々が鍬で土を耕し、開墾しています。「この方々は？」と尋ねると、驚きの答えが返ってきました。

「この人々は、刑務所を出所した虐殺の加害者です。被害者の女性のために、贖《あがな》いの家造りをしているのです」「ええっ、虐殺の加害者！」

驚いてその方々の顔を見ていると、向こうのほうから背の高い女性が歩いて来られました。

「慰霊のモニュメント」にバラの花をささげて

贖いの家造りをしている加害者の方々を背に、イマキュレーさんと

「あっ、イマキュレーさん、被害者の女性ですよ」私は息を呑んでその場がどうなるのかを見ていました。彼女は、どんどんと開墾している人々に近づいて行かれます。そのリーダー的な方の前で立ち止まった次の光景に、目を見張りました。なんと二人はハグをされたのです！信じられないような、そして麗しい瞬間でした。

「今ルワンダでは、赦しと和解が始まっているのです。あのジェノサイドの記憶を悲劇だけで終わらせないため、魂がえぐられるような罪の悔い改めを経て、再び立ち上がる方々が起こされているのです」 信じがたい言葉でしたが、目の前で起こっている感動的な光景を見て、納得せずにはいられませんでした。

後でイマキュレーさんのお話をうかがう機会が与えられました。あの当時、彼女は妊娠しておられたそうです。「父も夫も惨殺されました。命がけで逃げて沼地で出産しました」 彼女は静かに言葉を続けました。「家族を殺されたことは、心がつぶれるほどの痛みでした。でも、あのとき産んだ子が十八歳になりました。この間、家族を殺された痛み以上に、人を憎み続けるほうがもっとつらかった。私も神に罪赦された人間として、赦すことを決心したのです」 クリスチャンである彼女の言葉は、海よりも深く重い言葉として、私の心に響いてきました。赦しが憎しみに勝利した……彼女の表情には、揺るがない平安がありました。

この「癒しと和解のプロジェクト」を導いておられるのが、「REACH《リーチ》」というキリスト教のNGO団体です。人々の心に寄り添って、恐ろしい悲劇と向き合ってこられたことは、並大抵のことではないと思います。でも祈りを積み重ね、地道な働きを続けられるなかで、少しずつ人々の心に希望の光が灯りはじめていきます。まさに祈りは奇跡を生むのです。

あのバナナ畑で見た開墾も「リーチ」がはじめたプロジェクトで、住む家さえ失った被害者のために家を建てる働きです。被害者女性たちがアクセサリーを作りながら自分たちの心の傷を話し合う集会や、被害者と加害者が一緒に作る石鹼「We are One」など、さまざまな働きを通して、「癒しと和解」の働きを進めています。被害者の方々で結成されたクワイヤーの歌声も見事なハーモニーでした。私もともに歌いながら、幾度熱いものがこみあげてきかわかりません。

旅の後半は、「家造りプロジェクト」が進ん

たくさんの白骨が置かれた教会

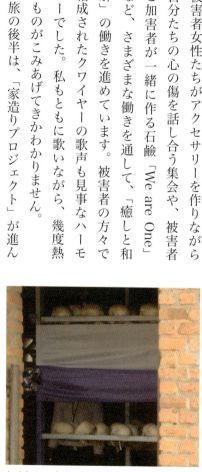

でいる「キレヘ」という町を訪問しました。ここで出会ったサベリアナさんは、家族を殺され、自分自身もナタで顔を切られ、あやうく殺されそうになった方です。実際にお会いして、右の頬に深い傷跡が残っているのを見ると、あの悲劇を垣間見るようでつらく思いました。右手の指も数本欠けておられました。でも何より驚いたことは、そのサベリアナさんをナタで殺そうとした張本人タデヨさんを紹介されたことです。

「彼が、タデヨさんです」 その言葉に、初めはまともにその方の顔を見られませんでした。普通サベリアナさんの立場だったら、怒り狂ってもおかしくないでしょう。でもお二人の話を聞いていくうちに、神さまがなされたとしか言うことのできない赦しと和解があったことを知りました。タデヨさんは、ジェノサイド後、自分が犯してしまった罪の大きさに悶え苦しみ、神さまへのすがるような祈りのなかで、贖いの家造りの働きに参加されたそうです。その家の完成式で、タデヨさんは多くの参列者の前で罪を悔い、赦しを乞いました。きっとこの告白がどう受け取られるか、すさまじい恐れと闘いながらのものだったと思います。

そのときのサベリアナさんの言葉は、一人の人間を永遠の苦しみから解放するものでした。

「今日、タデヨさんが自分から進んで私を傷つけたことを告白してくれたことに感謝します。神さまが、罪を犯した彼を赦してくださるように願います。あなたの告白により、私の心は安らぎました。私サベリアナ・ムカガタレは、あなたを赦します」（「ルワンダの平和と和解のために」一部抜粋）。

サベリアナさんとの出会い

自分の両親を殺し、自分の心と身体に深い傷を負わせたタデヨさんを赦したサベリアナさん。そこには、言葉では表しきれないさまざまな葛藤と闘いがあったと思います。でもそれを乗り越えて、主の家族としてともに生きておられる姿を見て、本物の赦しの力を知りました。

翻って、自分自身はどうでしょうか。小さなことで赦せなかったり、腹を立てたり……恥ずかしくなりました。ルワンダでお会いした方々のように、私自身も置かれた場所で、「癒しと和解」の一助になりたい、そう心から思わされました。

♪
あなたの平和の道具にしてください
主よ　私をあなたの平和の道具に
憎しみあるところに　あなたの愛があるように
悲しみあるところに　喜びがあるように

ルワンダの学校を訪れたときの子どもたちのまっすぐな瞳も忘れられません。虐殺を知らない世代の子どもたち。そして少しずつですが大人たちが赦し合っている姿を見て育っている子どもたちです。日本の子どもたちも、大人がいがみ合っている姿ではなく、仲良くしている姿を見て育ってほしいと思いました。

手を取って歌いだすと、サベリアナさんは涙を流された

ルワンダの地で、虐殺という悲劇が、最も尊い「赦し」へとつながっている事実を知り、最悪を最善に変えることのできる大いなる神を仰ぎました。

日本も今、社会情勢や頻発する災害など多くの問題を抱えていますが、「赦し合う心」が本当の「平和」へとつながることを、ルワンダの人々を通して教えられました。

「アマホロ　イマーナ！（神の平和）」この言葉を口ずさみながら、小さな平和の道具になれるよう歩んでいきたいと思っています。

まっすぐな瞳が忘れられないルワンダの子どもたち

平和をつくる者は幸いです。
その人たちは神の子どもと呼ばれるから。
――新約聖書・マタイの福音書五章九節

美味しかった！　絶品のルワンダコーヒー

8

ネパール――この日は主がつくられた♪

出発の日の朝、頭が重くて熱っぽい症状で目が覚めました。風邪でしょうか……。とりあえず病院に行き、点滴を二時間受けた後、フラフラしながら空港へ。ネパールへは、真夜中の飛行機便で出発します。目的は、二〇一五年四月に発生した地震で、心傷ついた子どもたちに歌の救援物資を届けるためです。主よ、お支えください……機内でひたすら祈りました。

タイのバンコクを経由してネパールへ。自宅を出てから十八時間かけてようやく到着したカトマンズは、喧騒と土埃の舞う町でした。とにかく排気ガスがすごくて、息ができないほどです。今までアフリカの国々にも行きましたが、こんな

ほとんど機能していないカトマンズの信号機

に息がしにくい場所はあまりなかったように感じました。自分の体調が良くないからかなとも思ったのですが、現地の人々も、この大気汚染のために肺や気管支を悪くしておられる方が多いそうです。

お迎えの車に乗り込んで街を走ると、なんと信号がほとんど機能していません。二〇一六年の二月現在、ネパールはインドとの国境が閉鎖され、電気やガソリンに至るまで、多くの物資が入ってこない状況だそうです。慢性的な電力不足で、一日平均十六時間もの計画停電。ですから信号があっても使えず、車もバイクも暴走しています。ガソリンスタンドの前を通ると、大げさでなく千台以上の車やバイクがズラッと並び、給油待ちをしています。仕事も休んでガソリンを買うために並んでいるそうですが、のんびりと雑談をしながら一日中待っている様子に、唖然。とにかくカトマンズは、驚きの連続でした。

ゴホゴホッ、翌朝咳をしながら目覚め、最初のコンサートが行われる「Janajagriti《ジャナジャグリティ》 School《スクール》」へ。どうやら私も気管支をやられてしまったようです。

カトマンズから車で一時間半ほどのところにある学校へ到着すると、生徒たちが興味津々で集まって来ます。なんとその数、八百人。ネパールの学校は、幼稚園児から高校生までが一緒に学ぶそうで、どの年齢層を対象に歌ったらよいか戸惑いました。でもコンサートがはじまると、そんなことは関係なく、幼い子どもたちから青年まで大喜び。私もそのパワーに支えられ、風邪のこともすっかり忘れて心から歌うことができました。

電力不足なのでリハーサル中に二回停電し、コンサートは自家発電機を用意し

一緒に大合唱する子どもたち

て行いました。ところが、ラスト一曲というところで再び停電。マイクも使えず、音源も流せません。ただでさえ風邪でガラガラ声なのに、その声を振り絞って生声で歌わねばならない事態に。それでも急遽、現地スタッフの一人がギターを弾いてくださり、「レッサンフィリリ」というネパール民謡を歌いだすとすぐに大合唱。マイクを使っていないので、子どもたちの声と自分の声が自然に混ざって不思議な一体感で歌うことができました。

一人ひとりに鉛筆を手渡す

コンサート後、日本から持参した鉛筆を、生徒一人ひとりに手渡しました。あまりにもうれしそうに受け取る子どもたちの姿を見て、もっと良い物を持ってくれば良かったと思いました。すると現地スタッフの方がこう言われたのです。

「ユリさん、ネパールはごみ処理場がないので、高価な物でも壊れたらその辺に放置されるだけです。なので土に還る物だけを持ってきてほしいんです。木の鉛筆はとても良い贈り物ですよ」との言葉に、ハッとしました。

「日本では百円で何でも買えますが、その商品を焼却するのに百円以上コストがかかるのをご存じでしたか？」の言葉にも、返事ができませんでした。自分自身、簡単に購入し、簡単に捨てていたことを反省させられました。土に還して未来へ生かしていくこと……その大切さを胸に刻まなければと思わされました。

たった一本の鉛筆をこんなにも大事そうに受け取る子どもたち……。「Jesus loves you !」そう声をかけながら、八百人全員に鉛筆を手渡し、心の中で祝福を祈りました。

翌日の学校「Ever《エヴァ》 vision《ヴィジョン》 school《スクール》」でのコンサートも無事終え、土曜日は現地の教会の礼拝に出席しました。ネパールでは通常土曜日が休日だそうで、キリスト教の礼拝は、土曜日の朝に持たれます。到着して礼拝堂の中に入ると、一面ペルシャ絨毯が敷かれていました。その上に直接座って礼拝するので、一見イスラム教のモスクと見間違うような雰囲気。そこへ、座る場所がないほどの大勢の人々が続々と集まって来て、その数、優に千人は超えています。満員の礼拝堂で、途中何回か停電があってもお構いなしで熱く礼拝をささげる人々の姿に、感動を覚えました。なんとこの教会のメンバーは、四千人以上で、ブランチの教会は三百を超えるそうです。その理由は、貧しさや差別が当たり前の社会のなかで、本物の希望と愛を求めているからだとうかがいました。

ヒンズー教徒が八〇％を占めるこの国で、クリスチャンがどんどん増えている状況を目の当たりにして、日本の教会を振り返らされました。日本の宣教が難しい理由の一つは、「豊かさ」かもしれない……との現地スタッフの言葉に、深く考えさせられました。

ペルシャ絨毯が敷かれたキリスト教会

日曜日は、カトマンズにある韓国人教会にて特別賛美をささげます。ところがコンサートも一段落してホッとしたせいでしょうか、私の風邪はますます悪化。咳が止まらなくて、呼吸をするのも苦しいほどです。そんな状態で、ヨロヨロしながら教会へ。

不安いっぱいで、韓国人教会に到着すると、聖歌隊が賛美練習をしていました。プロかと思うほどの素晴らしい歌声です。挨拶の声もカスカスの自分と比較してため息が出ました。でもその瞬間です。「見ずに信じる者は幸いです」とのみことばが心に響いたのです。そうだ、主がこの風邪を許されたのなら、主が責任をもって賛美の任務もまっとうさせてくださるはずだ、との思いが湧いてきて、驚くほどの平安で満たされました。

礼拝での本番、確かにものすごいガラガラ声での賛美でした。でも多くの韓国人クリスチャンの方々が泣きながら聴いてくださったのです。そこには、私が普段どおり歌う以上に、豊かな主の臨在が満ちていました。

「ユリさん、それで良いんだよ」とスタッフが言ってくれたことばに、なんだか心が解放されたように感じました。

実は、二〇一三年の十二月に声の障害で歌えなくなったことがあり、それ以来、必要以上にナーバスになっていたことに気づきました。神さまはたったひと月で癒してくださり、それからはもとどおり歌えているにもかかわらず、少しでも調子が良くないと、また声が出なくなったらと不安になる自分がいたのです。今回ネパールで、ガラガラ声で歌っても、その後まったく声に支障はありませんでした。そしてどんな声であろうと、魂から主に向かって賛美するときに、大いなる主の恵みが輝くことを体験することができました。

礼拝後、不思議なことが起こりました。風邪も気管支炎もほとんど症状が出ないのです。それからはすっかり元気で帰国しましたので、日本で私の体調のために祈ってくださっていた方々が拍子抜けするくらいでした。もちろんそのお祈りがあったおかげですが、私はこのネパールで心と身体の癒しを体験したのです。

その日の午後、地震で最も被害を受けた「バクタプル」という街へ行きました。

レンガが散乱したバクタプルの街

ネパールのたくさんの子どもたちに囲まれて記念撮影

ユネスコの遺産にもなっているのですが、被害が大きくて手がつけられない状態です。レンガ造りの建物が多いので、レンガが散乱している光景が多く見られました。鉄筋もセメントもあまり手に入らないようで、泥でレンガを積み重ねている人々を見ながら、何か改良策はないものかと思わされました。仮設テントや親戚の家に住む人、壊れた家に住みつづける人など状況は様々ですが、いずれにしても再建する経済力のある人は少ないようです。この人々が希望を持って生きることができるよう、バクタプルの街を歩きながら深く祈らされました。

電気などの生活必需物資も少なく、追い討ちをかけるように地震が起こり、たいへん厳しい状況が続いているネパール……。でもだからこそ教会は人々であふれ、救われる方が多く起こされています。クリスチャンになると家族から迫害を受けることもあるそうで、礼拝前後に、涙しながら牧師に祈ってもらっている姿を目にしました。さらに驚いたことは、今回コンサートをした学校の中には公立校もありましたが、そこでも賛美歌が歌われていたことです。

♪この日は主がつくられた
我らはこの日を喜ぼう

日本でもよく歌われるこのワーシップソングは、子どもたちが大好きな賛美です。ネパール語と日本語で歌うと、どの学校も大合唱になって子どもたちは大喜び。目をキラキラさせながら身体中で歌う子どもたちの姿は、まさに未来への希望です。歌いながらふと目を上げると、遠くに真っ白な雪を抱くヒマラヤ山脈が見えました。その瞬間、そうだ、どんな状況であっても、今日一日を主が造ってくださった大切な日として喜び生きることこそが、明日を築いていくことなんだと気づかされました。数えきれないほどの恵みの体験が与えられたネパールの旅……。今も目を閉じると、ヒマラヤの雄姿と子どもたちの笑顔が重なって、言葉で表せない感動があふれてきます。

私は山に向かって目を上げる。
私の助けは、どこから来るのだろうか。
私の助けは、天地を造られた主から来る。

——旧約聖書・詩篇一二一篇一、二節

9　ラジオ番組『モリユリのこころのメロディ』
――感謝します♪

「皆さま、こんばんは、パーソナリティの森祐理です。あなたの心に安らぎのメロディを！」

マイクに向かい、リスナーの方々へ祈りを込めて語りかけます。ラジオ関西という一般の放送局で夜九時半からのゴールデンタイム。そこで毎週三十分の放送ができるのは本当に特別な恵みです。コンサートを通して出会ったこと、感じたこと、信仰の話も聖書の言葉も自然に盛り込んで、電波を通して希望のメッセージをお届けするようになって、二年以上になります。実は、このラジオ番組をスタートするきっかけは、思いもしなかったことでした。それは、人生二度目の

ラジオ関西558KHz、毎週木曜日夜9:30から放送

「声が出なくなる」という経験だったのです。

二〇一三年の秋ごろでしょうか。喉に疲労感を覚えながらも忙しい日々で、あまり深刻に考えていませんでした。土曜日に兵庫でコンサートをし、その夜に飛行機で飛んでアメリカへ。翌日の日曜日には、サンフランシスコの教会で歌っている、というような強行軍も平気でこなせると思っていたのです。もう二十年以上にわたり年間百回以上も歌う機会が与えられ、それだけでもハードなのに、二〇一一年からは頻繁に東北へ足を運んで支援コンサートを行ってきました。もちろんすべては喜びで、与えられた機会を感謝しつつ臨んでいたのです。しかし身体は少しずつ悲鳴を上げていました。

その年の十一月末に南三陸の小学校でレコーディングがあり、その直後、喉に激痛を覚えました。週末に予定されていた逗子でのコンサートは無理をしてなんとか歌いましたが、終演後からまったく声が出なくなってしまったのです。

「あ」という音声さえ出なくなったことは、人生で二度目です。まだNHKで「歌のお姉さん」をしていたころのこと、出演するミュージカルの練習のし過ぎで、声を痛めてしまったことがあります。でもそれがきっかけで、「歌のお姉さん」から「福音歌手」へと一八〇度人生の方向転換をすることができ、今の働きへと続いています。

あれから福音歌手になって二十数年が経ちますが、ほとんど声のトラブルはなかったので、なぜ突然こんなことになったのか理解ができませんでした。

ちょうど折悪く十二月ですからスケジュールはびっしりで、その年は十五回のクリスマスコンサートが予定されていました。全部キャンセルになりました。最初は、一週間ほど休めば声は戻ると思っていましたが、甘かったのです。歌どころか声を発することができない日々が続きました。ステロイドの投与や点滴など精いっぱいの治療を受けましたが、あまり効果はなく、沈黙療法が最善の治療と言われ、家にいて、だれとも話すことができない日々を送ることになったのです。

コンサートを楽しみに待っていてくださった方々に申し訳なくて、自分の言葉で謝りたいのですが、その言葉すら出ません。ただ声なき声で祈ることしかできませんでした。

十二月じゃなくて、せめて一月だったら、あまりご迷惑をかけずにすんだのに……と考えながら聖書を読んでいたときです。イエスさまのご降誕の箇所が目に入った瞬間に、ふと「こんなにも静かなクリスマスを過ごしたことがあったかしら」と思わされたのです。

福音を届けたいという純粋な気持ちでコンサートに臨んでいるのは確かですが、各地を走り回り、ぐったり疲れて家に帰る日々を何年も続けていましたので、深くクリスマスの意味を噛みしめることなどあまりできなかったように思います。

なんだか急にこの日々が、いとおしく感じられました。
忙しさから離れて、神さまと深く交わる時を過ごすなかで、この近年味わったことのない霊的な満たしを受けることができました。でも同時に、「もし、もう二度と歌えなくなったら」という恐れが湧いてきます。「歌えなくなる」そんな恐れと闘っていたある日、ハッと気づいたのです。「もう二度と歌えなくなったら」ではなく、「歌えなくなっても、神さまは私を変わらずに愛しつづけてくださる」ことを。そうです、神さま

にとっては私が歌手であってもなくても関係なく、私そのものを愛してくださるお方だということに気づいたのです。

「わたしの目には、あなたは高価で尊い。わたしはあなたを愛している」（イザヤ四三・四）のみことばが、心に響いてきました。お恥ずかしいことに、二十年以上コンサートのなかで、「神さまはあなたを愛しておられます」と言いつづけてきたはずでした。でも今回あらためて、その愛が自分自身へ向けられたものとしてたましいの奥底まで染み込んできたのです。


「この愛を伝えたい！」

熱く伝道の思いがこみあげてきました。幸い声のほうは、二週間を過ぎた辺りからかすれ声が出るようになり、少しずつ回復に向かいはじめて、年明けの一月にはなんとか歌えるようになりました。担当の医師が「僕の医者人生でこんなに早く回復した人はいない」とおっしゃったほどです。きっと多くの方々の祈りがあったおかげだと心から感謝しました。

ところが歌えるようになると、また同じようにあちこち飛び回るようになり、半年ほど経ったとき、母から「あんた、元の木阿弥じゃないの。そんなことつづけていたら、また声を悪くするわよ」と言われてしまいました。確かに、自分の体力には限界があります。どうしたらもっと多くの方へ届けることができるのでしょうか。祈り続けるなかで、とんでもない願いが頭をよぎりはじめたのです。それは、以前から心に秘めていたことでしたが、「ラジオの電波を通して、神さまの愛をお届けしたい」という願いでした。

願いが起こされると、すぐに行動してしまうのが、私の性格です。「ラジオ牧師」をしておられる方にメールを送り、ご相談すると、関西で一番大きな広告代理店を紹介してくださいました。「きっと大丈夫ですよ」の言葉に、神さまが祈りに答えてくださったと大喜びで、その代理店からの連絡を待ちました。

ところが……。その広告代理店からのご返事は、「現在、在阪局は番組がいっぱい詰まっており、新規は全局無理です」とのこと。がっかりして椅子に座りこんでしまいました。関西最大の広告代理店にそう言われたら、奇跡でも起こらない限り可能性はありません。溜め息をついて「神さま、八方ふさがりです。あなたにすがるしか何も方法はないのです」そう祈ったとき、机に置いてあった聖書の言葉が目に飛び込んできたのです。

「わたしは、だれも閉じることのできない門を、あなたの前に開いておいた」(黙示録三・八)。

そうだ、ラジオ番組の門は主が開いてくださる! 状況は変わっていませんでしたが、驚くほどの確信と平安が私を包みました。

それから……本当に奇跡は起きました。灯台下暗しで、私の事務所がある大阪クリスチャンセンターの理事の方が、ラジオ関西のプロデューサーと懇意だったのです。その出会いを通して、まさに神さまが働かれたとしか言いようのない方法で、番組の道は開かれていきました。正直熱意はあっても、資金も何もない状況でしたが、ぎりぎりのところで幸いなことにスポンサーも与えられ、二〇一四年の十月より番組をスタートすることができたのです！

何よりうれしかったのは、番組で、聖書の話や信仰の話をしても大丈夫と言われたことです。二十数年前、あの阪神淡路大震災で弟を失った福音歌手ということを局の方々はご存じでした。「森祐理さんはクリスチャンシンガーだから自然なことでしょう」と言われたとき、弟の死が、番組に命を与えてくれたと感じて、天を仰ぎました。

熊本被災地の支援コンサートで、被災した人と抱き合いながら

数えきれないほど多くの嬉しいお便り

それからは毎週三十分の番組とコンサート活動との二本柱で働きをするようになりました。番組を通し、教会に足を運ばれた方、チャペルコンサートにお越しくださり、聖書の学びを始められた方もいます。ご家族の介護でほとんど家から出られない方は、この番組が唯一の楽しみとお手紙をくださいました。数えきれないほど多くのお便りを読みながら、お聴きくださる方の心に、この番組を通して、主にある安らぎや希望が届けられていることを実感し、感謝があふれてまいります。

♪
感謝します
試みに耐える力をくださる
御恵みを
感謝します　すべてのことを
最善と成したもう御心を

あの声を失う試練がなければ、ラジオ番組が実現するとは思いもしませんでした。震災で弟を失うという試練がなければ、番組でイエスさまのお話をすることはできなかったかもしれません。苦しみは苦しみで終わらず、必ずその先にもっとすばらしい扉があるから、あえて神さまは試練をお許しになるのだと思います。どんなにつらいことも、すべては最善につながっていくのだと信じます。

年を重ねて、今のようなコンサート活動が難しくなっても、ラジオでお話しすることはできるかなと思い、七十代、八十代になっても放送を続けていけたらと夢を描いています。

ラジオ番組をはじめてから、コンサートもさらに意味をもって臨めるようになりました。相変わらず旅が多いのですが、行った先々のお話ができるのも楽しみの一つになっています。

今までの歩みを振り返ると、泣くこともあり笑うこともありましたが、たとえどんな試練があっても、それがまた新しい扉につながると期待しながら生きていく人生でした。神さまは、最善以下は決してなさらないお方……この主に信頼しつつ、これからも人生の旅路を歩んでいきたいと思います。

神がすべてのことを働かせて益としてくださることを、私たちは知っています。

――新約聖書・ローマ人への手紙八章二八節

エピローグ

「ユリは、今度いつ帰る？」 父は、日課のように母に尋ねていたそうです。口数が少なく、私にはあまり多くを語らなかった父ですが、コンサートツアーから戻り、実家に帰る日をいつも心待ちにしてくれていました。典型的な昔人間で、感情表現が苦手な人でしたが、それでいて一番のモリユリファンであることはわかっていました。

今回新しく本が出ることが決まったときも、父は本当に喜んでくれましたが、コンサートの合間に執筆の時間が取れるのか、心配ばかりしていました。数章書き上げると実家にＦＡＸしましたが、末期の白血病だったので、もう細かい文章を読むことはできませんでした。

ベッドの枕元に原稿を置いて祈ってくれていた父……。その父は、ちょうど半分くらいを書き終えたところで、天国へ旅立っていきました。本の完成を心待ちにしてくれていた父に、美しい装丁に仕上がった作品を見せられなかったことは残念です。でも天国で、喜んでくれていると思います。

ずっと支えてくれていた父とともに

父の最期の一週間を、付きっきりで看病することができました。亡くなる前日に、「ユリ、おまえはよくやった。もう仕事に戻りなさい」と言ったのです。「お父さん、今までありがとう。お父さんの子で良かったよ」そう言って東京へ向かいましたが、新幹線で涙が止まりませんでした。別れ際に母が、「ユリに何か言葉をかけてやってください」そう言いました。しばらく考えていた父が一言、「自然体」。それが最後の言葉でした。私は、常に人前で歌ったり語ったりすることが多く、プレッシャーで眠れなくなる日もあります。父はそれをちゃんとわかっていて、自然体で歌い、語り、生きていけとメッセージをくれたのだと思います。翌早朝三時三十八分。父は安らかに息を引き取りました。

振り返ると、被災地を回ってコンサートをするときも、少し危険な国に行くときも、どんなときでも父母の背後の祈りがありました。今回執筆をしながら、あらためてひとりで行ったのではなく、両親や祈ってくださる方々の心とともに、その地に赴いていたのだと感じました。

父を天に送ってから、初めて家族が知ったことがあります。父の書斎から、ズラッと同じデザインのノートが出てきて、開いてみると、何百、何千首の短歌が詠《よ》まれていたのです。「お父さんが短歌を詠むなんて……」　母でさえも知らなかった事実に家族一同驚きました。

　元来無口な父でしたが、その短歌の中では饒舌に日々の暮らしが詠まれていました。教会のこと、生涯愛した囲碁のこと、中でも私のコンサートのことは頻繁に登場し、そこでは私のことが「歌姫」と表されていたのです。その短歌を見ると、「歌姫」がどこへ行ったか、どこで歌ったか、手に取るようにわかります。それは、あふれるような父の祈りでもありました。こんなにも祈ってくれていた……まるで父の遺言のような短歌の一首一首が胸に迫りました。

父の短歌ノートより

歌姫は　世界に飛びて　ただひとつ　主の愛歌い　平和を願う
御恩寵　歌姫舞いて今日もまた　花を咲かせよ　異国《とつくに》の地に

父は今、震災で亡くなった弟と再会をし、天国から一緒に祈ってくれていると思います。改めて人生の目的地が「天の故郷《ふるさと》」であることは、大きな平安です。私も天国のゴールに到着する日まで、一人でも多くの方へこの希望をお届けできますよう、これからも賛美《うた》の旅路を続けていきたいと思います。

これからの旅路は、いったいどんなメロディを奏でていくのでしょうか。きっとユニークな旋律やびっくりする旋律も出てくるかもしれませんが、主とともに、希望のメロディを歌い続けていきたいと願っています。

お読みくださった皆さまに心より感謝しつつ、私たちの人生にとって、すばらしい旅の友であるイエスさまの祝福が、豊かにありますようお祈りしています。

――この作品を、父である故・森茂隆にささげます――

東日本大震災合同追悼礼拝での賛美

希望の歌と旅をして

2016年10月30日　発行

著　者　森　祐理
印刷製本　モリモト印刷株式会社
発　行　いのちのことば社
〒164-0001 東京都中野区中野2-1-5
電話 03-5341-6922（編集）
03-5341-6920（営業）
FAX03-5341-6921
e-mail:support@wlpm.or.jp
http://www.wlpm.or.jp/

ISBN 978-4-264-03604-3